CB063524

```
                    m
                    a
                    c
                    r
                    a
                    m
                    ê
              p
              l
              u
              m        m
              a        a
              s        c
                       r
              a        a
              s        m
              a        ê
              s     p
                    l
                    u
                    m
     a s a s   p l u m a s   m a c r a m ê
                    a
                    s     p
                    a     l
                    s     u
                          m
                          a
                          s

                          a
                          s
                          a
                          s
```

diana junkes

1ª edição. São Paulo, 2019

sumiê
SUELY SHIBA

asas
plumas
macramê

LARANJA ● ORIGINAL

mesmo sem naus e sem rumos
mesmo sem vagas e areias
há sempre um copo de mar
para um homem navegar

JORGE DE LIMA

pulsas como se fossem de carne as borboletas

HILDA HILST

nota da autora

diz-se que macramê é palavra de origem turca, migramach. *trata-se de uma arte decorativa em que os fios são atados exclusivamente pelas mãos da tecelã ou tecelão; estudos indicam que era utilizado desde 3000 ac na china, mesopotâmia e egito. no museu britânico está exposta a peça mais antiga de macramê que pôde ser recuperada, data de 2000 ac, é assíria. o macramê faz parte da história cotidiana, sendo executado, sobretudo, por mulheres, e permanece até hoje, resistindo ao maquinário e às ferramentas, subsistindo ao tempo, em pequenos núcleos; a beleza, a multiplicidade de composições geométricas e a delicadeza do macramê estão no fato de só poder ser fabricado por mãos humanas. robôs não podem tecer macramês. a espuma do mar deslizando sobre as pedras forma um macramê de orgasmos, tênue renda sonora. o mar é uma mulher, a mar, é assim que a vejo e escuto daqui de onde estou assim a chamarei: a mar*

I

a poesia é um *dô* e na praia brava sentir-se nada ou nunca ou silêncio dá na mesma o que muda de fato é que *ninguém* não será o mesmo as utopias picotadas espalhadas em voltas pelas escadas estão submersas em notícias mas falemos sobre nós você e eu aqui nesta ilusória orla suspensão do tempo em meio ao caos em busca do ar das palavras que se deitam no limiar entre os nossos corpos quando todos os sentidos se encantam e passamos a nos conhecer pelo olfato tato audição paladar cegos entre avessos enquanto ainda resistirmos neste lugar das canoas onde a língua pulsa luta abisma e veste o que resta na espuma da mar escorrendo as memórias os ruídos das conchas que envolvem você e me envolvem e em nós revolvem enquanto seguimos pés na estrada de terra cheios de areia sal misturando-nos ao caminho já não é possível separar pés corpos terra sal você eu os versos em nós

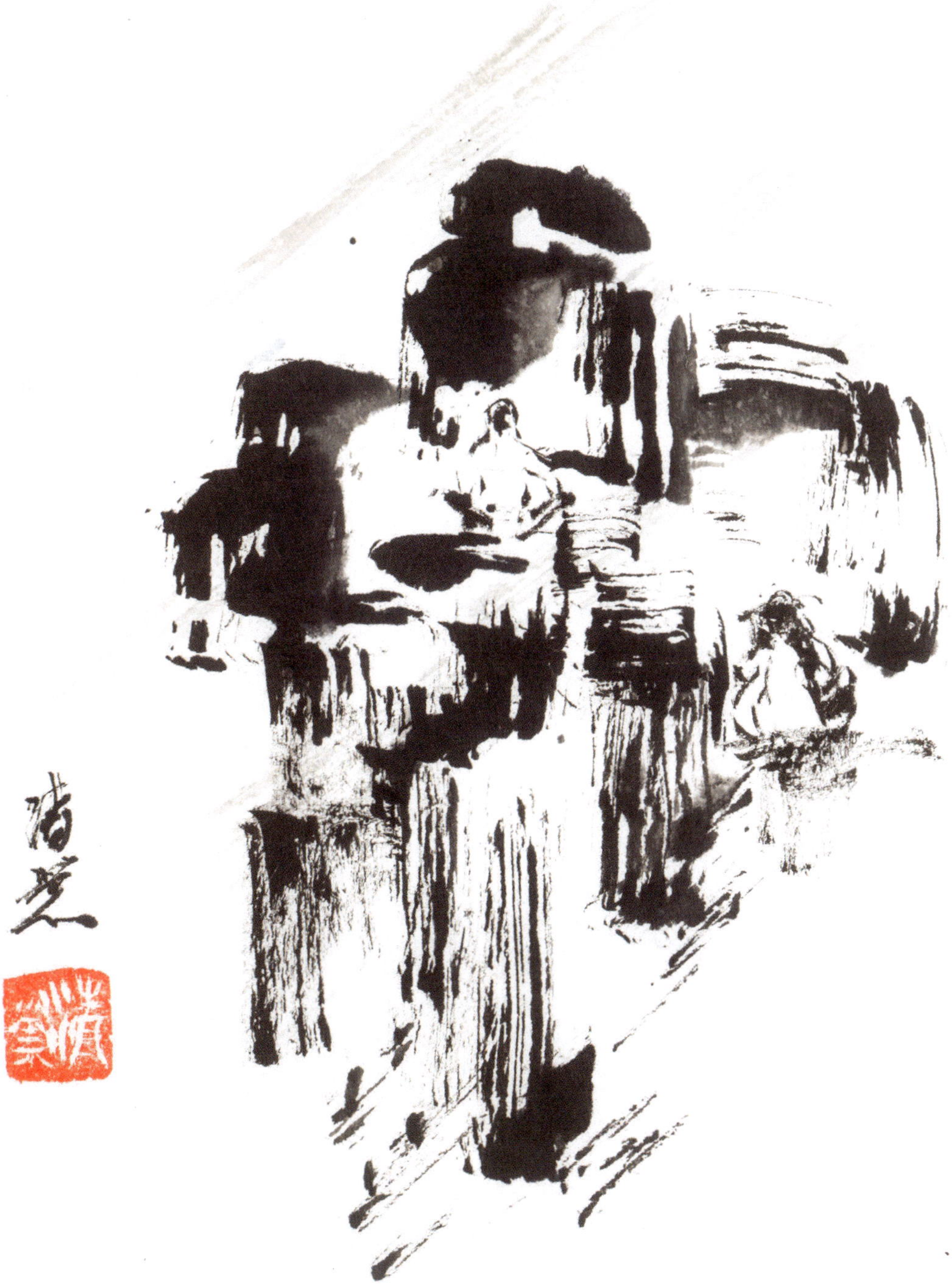

II

os tentáculos do horror iniciaram as obras
como holofotes as águas-vivas pendem das gruas
pela praia nas marinas nos postos de pedágio
o vendedor de queijo constrói muros
vigia as pessoas vaga-lumes gravam conversas
o medo transborda

entretanto restam alguns tragos de leveza
insurgente granada no coração dos bêbados
você me enlaça dançamos descalços
uma borboleta branca asas plumas macramê
pousa no seu ombro

mergulho nos seus olhos rasgados
cujo espanto não apreendo e suponho
que ainda há chances para a democracia
(e para as borboletas)
enquanto levo você pelas mãos

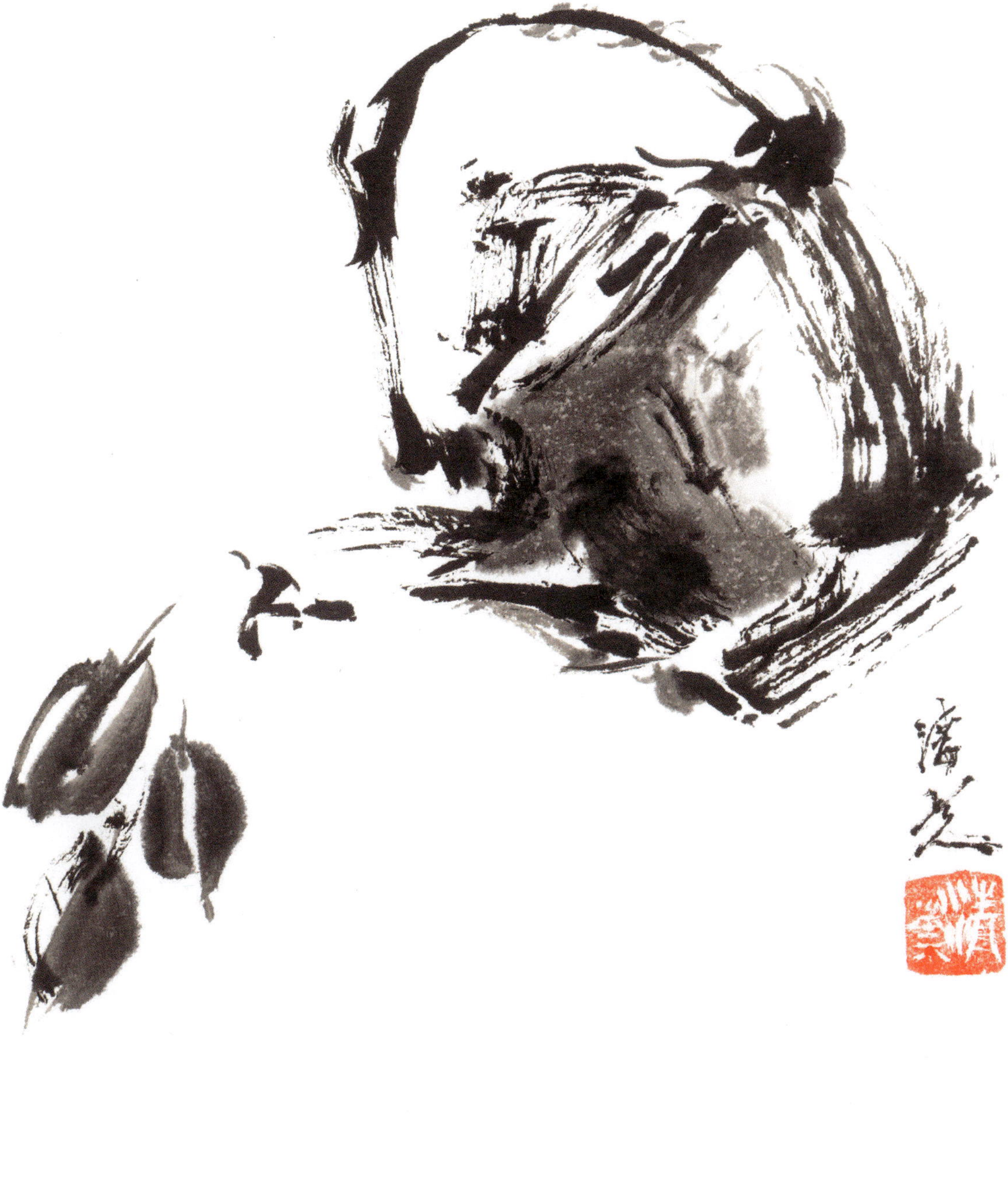

III

talvez haja aranhas você diz
veja onde põe os pés segure-se
prefiro não dizer nada piso onde
você pisa folhas enroscam-se nos
passos ofegantes riacho adentro
do alto a cachoeira fotografa
a nossa nudez
voyeuse à espreita

inauguro seu gosto entre os lábios
com a experiência das perdas
sinto a forma tesa roçar o céu da boca
seu cheiro se mistura ao lume das flores
minha vez de abrir as pétalas

a barba afaga o grelo
recebo a água que restou dos cactos
na sua pele nos seus vícios
na sua língua saliva
suas mãos nos meus vãos
o limo das rochas

misturados ao espaço
corpo dentro de corpo
somos parte da paisagem

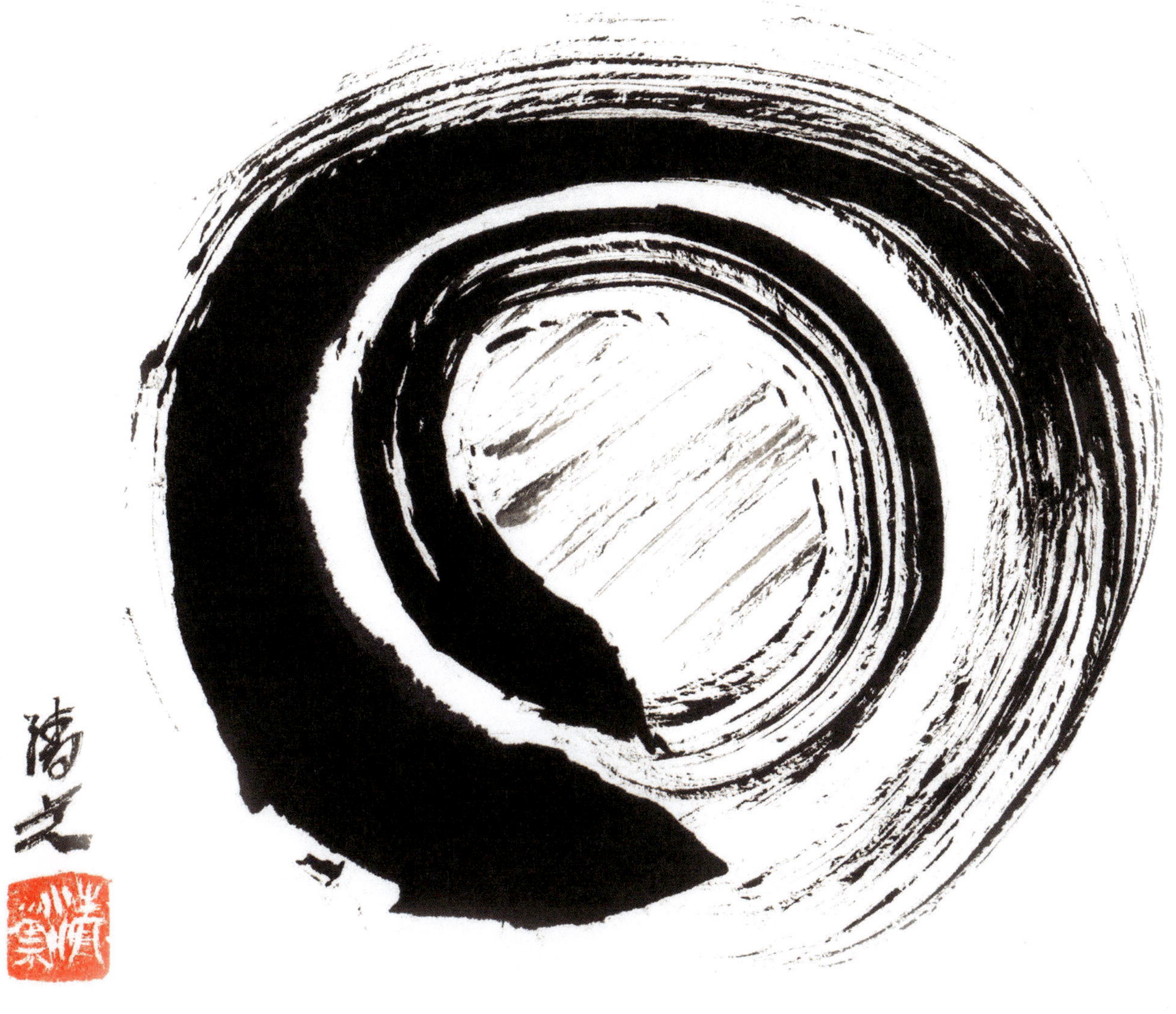

IV

na película de jodorowski
peixes e gaivotas prateiam o ar
os barcos os mastros
o menino de azul

a realidade é insuportável
nos alucinados sapatos vermelhos de jodorowski
na coleira de espinhos que usa o cão
que vem toda noite nos dizer olá e vai embora

quantos projetos no abismo
todos os jornais no abismo
não sei o que dizer estamos tristes
e graves e o cão tem fome
vamos alimentá-lo com um naco de humanidade
que nos resta ou aos sapatos vermelhos

talvez eu te ame algum dia
se ainda houver paz sobre a terra
se estas penas flutuarem

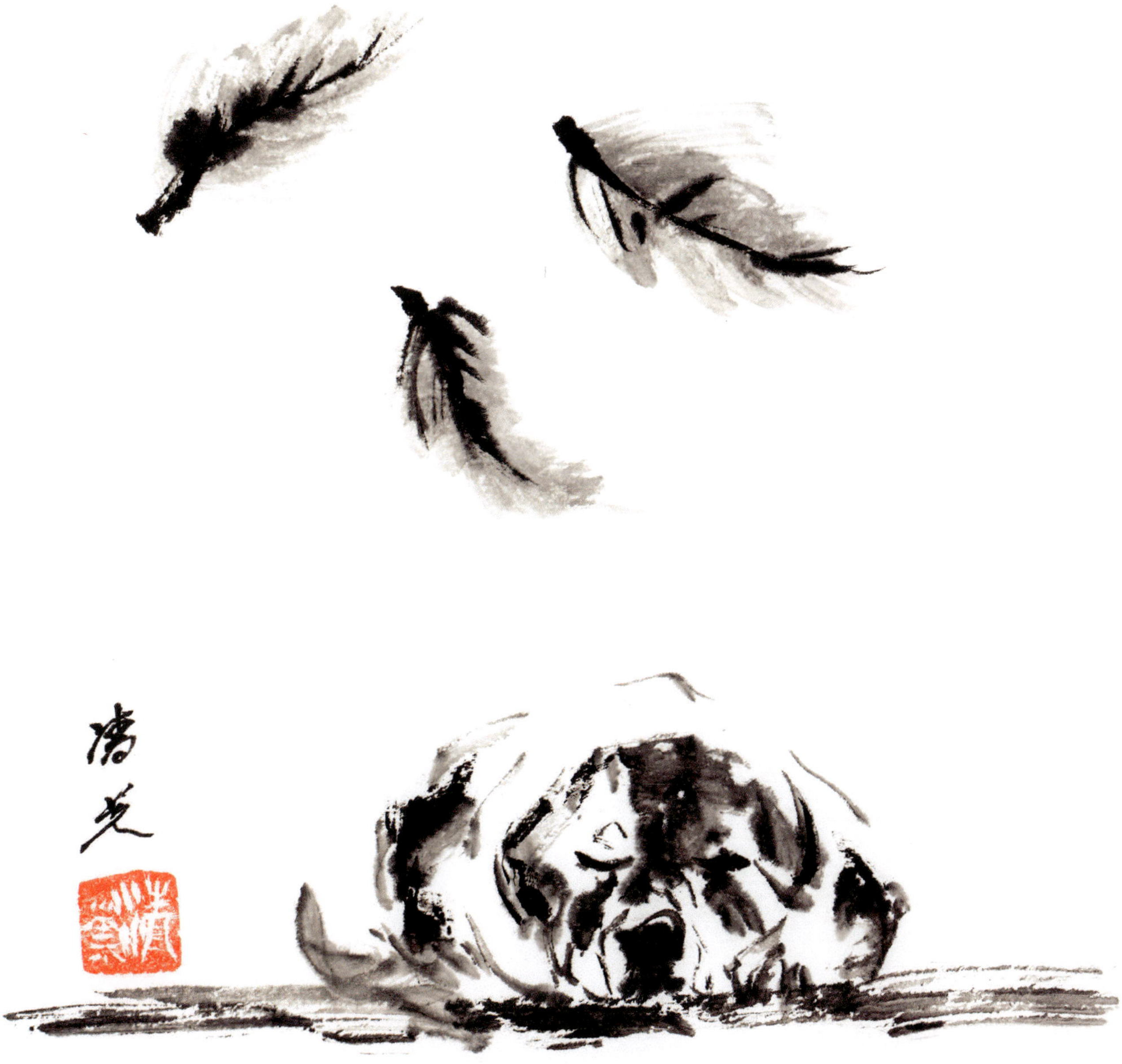

V

cave meu bem
a pequena flor carnívora
até o talo respire o ar
de orgasmos dos meus
pulmões até tornar
láctea a delicada arcada mínima
as palavras da minha boca

depois me abrace meu bem pelas costas
para que eu sinta entre as costelas
seu peito arfando e esta mudez
possível apenas aos que ultrapassam
os muros da linguagem

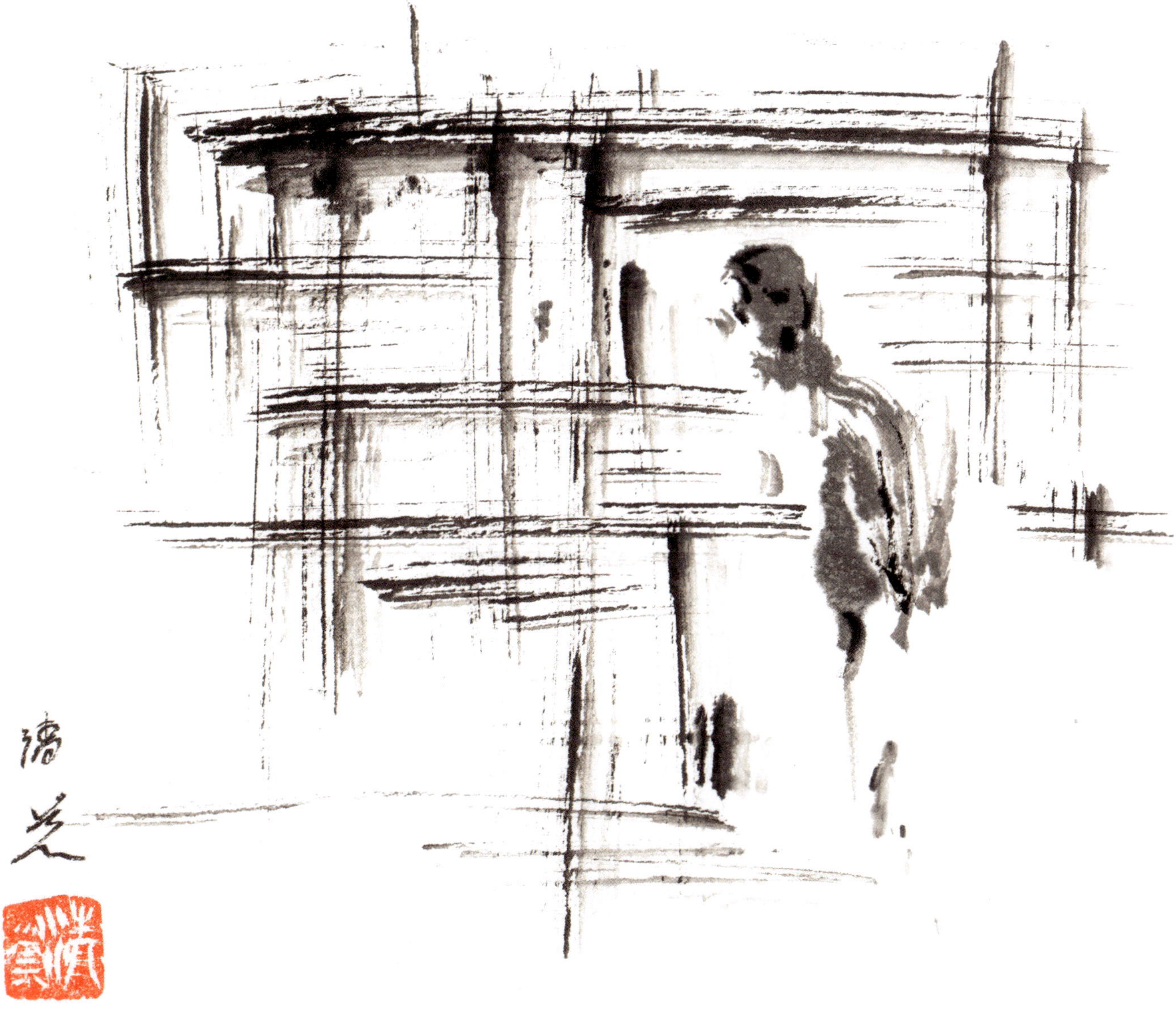

VI

são quatro horas da manhã as formigas espalham-se pelo chão
contrariando o imperativo genético da fila indiana
sobem pelas prateleiras atacam ferozes os sacos de arroz
são cruéis vorazes cegas em sua desmedida luta por víveres
não temos escolha a não ser enfrentar uma a uma

isso nos une profundamente sem que notemos
a guerra é capaz de fincar alianças perenes ultimamente
o amor também (dizem) mas nunca pude comprovar de fato
em breve aquela barata que procuramos há dias aparecerá
entrarei em pânico você dirá que ela se foi
mas no fundo sabe que as baratas permanecem

nos restos dos bombardeios
nos acampamentos dos refugiados
nas chacinas de cada morro
nas grandes cidades no campo das fomes
no terror da mulher violentada pelo filho
no ventre da moça morta a facadas
no fundo do armário entre os talheres e as mágoas

ainda assim você me deseja
o desejo é infenso ao surto ao susto
aos séculos ao toque de recolher
e decidido afasta um vulto que

nos espia e talvez esteja armado
o desejo sai do quarto mija nele
que corre escorrega no suor da geladeira
e desaparece uivando você me abraça
em meio às sombras aos sussurros

depois exausto sonolento me conta baixinho
que toda essa desgraça toda essa desgraça
toda essa desgraça que nos assola
as formigas a barata a mulher violentada
o vulto a guerra os grãos de arroz assaltados
a moça esfaqueada as chacinas a fome
os refugiados as bombas arremessadas
são grandes farsas

adormeço e sonho que sou
o anjo de klee

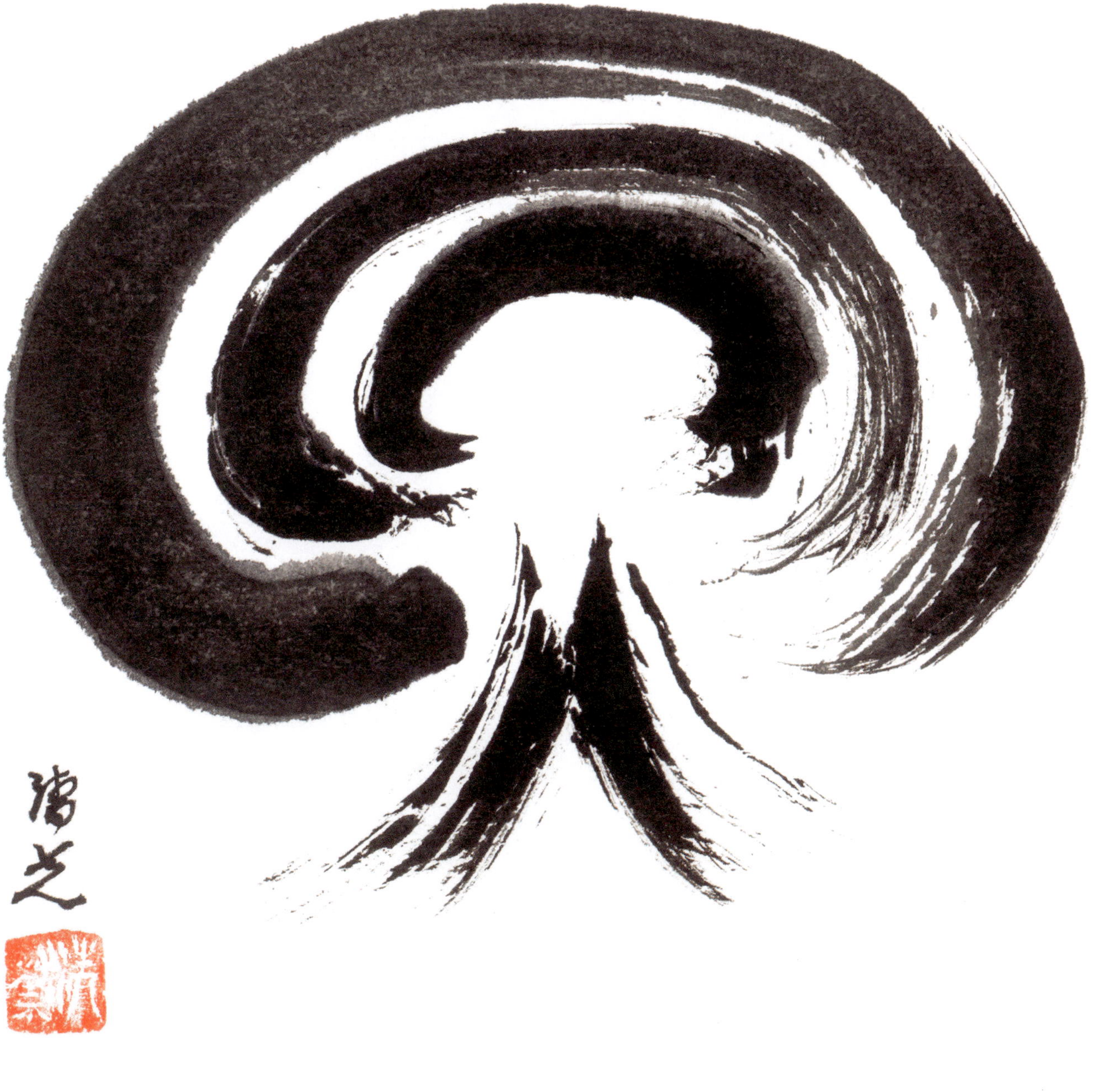

VII

ali na casinha do lixo
situada neste lugar da estrada
de onde se avista toda a baía
não há distinção de classe
raça religião nada

ali no chorume são todos iguais:
latas sacos comida estragada
jornais plástico absorventes com sangue
papel higiênico com bosta a perna da boneca
espelhos quebrados bola furada a asa do avião de brinquedo

os restos são tratados com voracidade e dignidade
pelos ratos pelas lacraias
por este urubu-rei no alto do poste
à espera de monturo

mas quando a matança começar verificaremos
que também a carne é igual em todos os corpos
apodrecerá depois da sangria da morte
estaremos todos mortos a longo prazo

(o que nos diferencia agora
você sabe

é este aceno rubro
pelo qual lutamos)

mas o fato é que em breve
na casinha do lixo
nossos ossos
depois de devorada a carne
virarão playground aos vermes

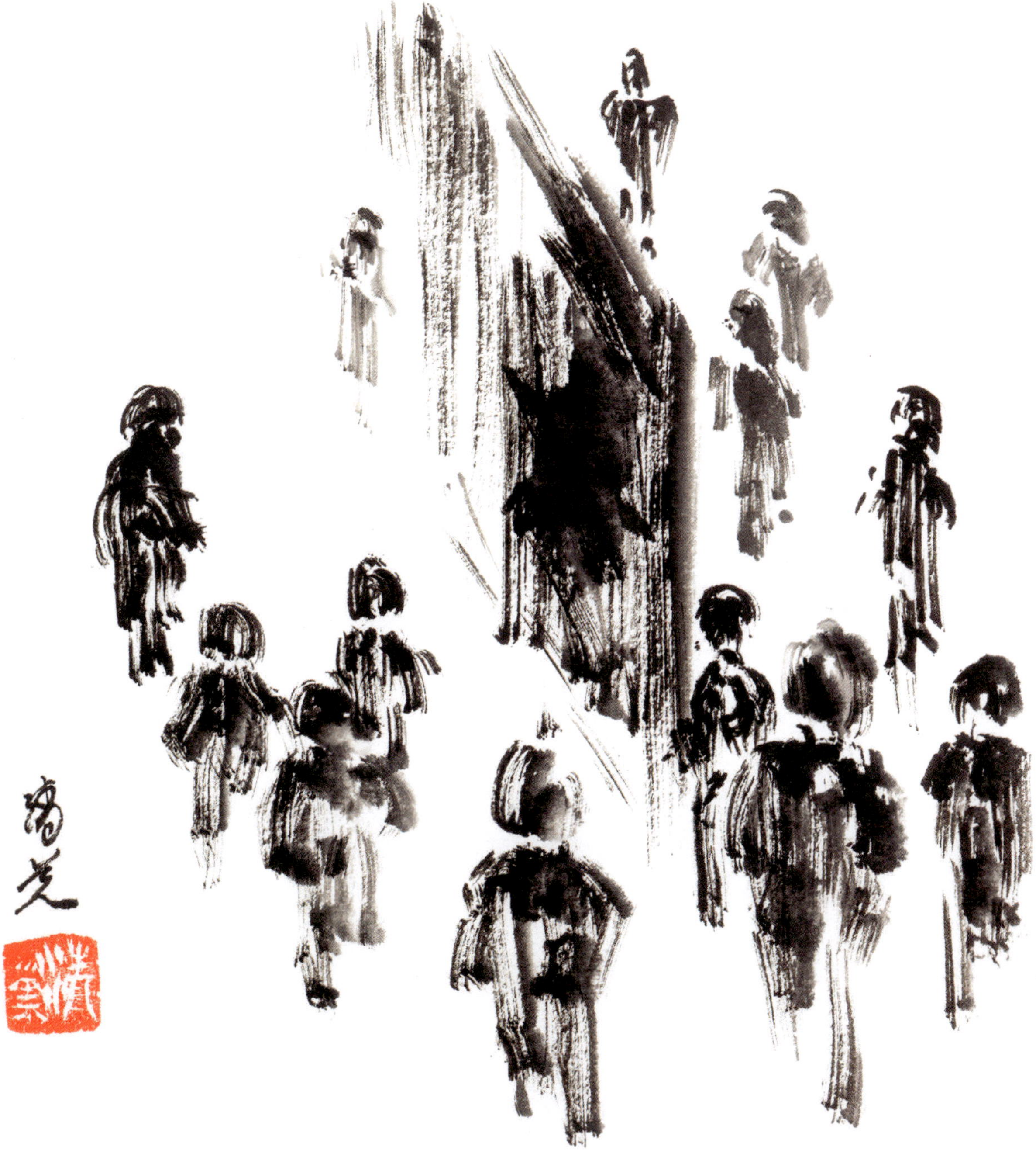

VIII

a família ocupa a praia a mãe dois filhos duas filhas os irmãos jogam frescobol as irmãs entram na água com vestidos abaixo dos joelhos a família espalha suas armas seu preconceito o som no último volume a mãe senta-se sobre uma bandeira do brasil para fazer castelos onde apenas os escolhidos poderão entrar um quero-quero sob o ataque da bolinha de borracha protege aos gritos o seu ninho você patrulha a praia é preciso defender os sonhos que singram e a sutileza das montanhas a qualquer custo daqui sem notar a cicatriz olho o ferimento por dentro observo tudo como ostra que espera a revolta proletária dos grãos de areia reivindicando suas fomes sua imperfeição suas crenças pressinto que cem fuzis entre as estrelas silenciarão todos os assassinos do sol

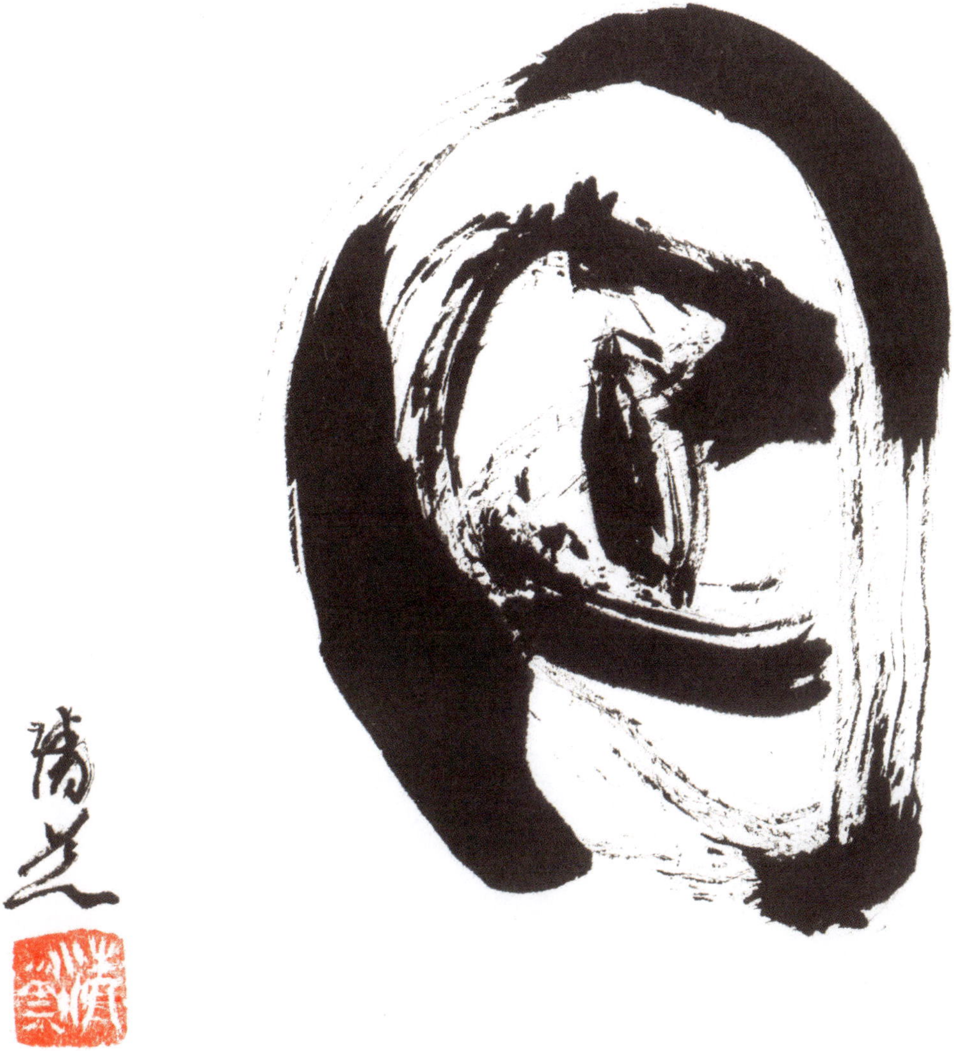

IX

chovem latitudes há algumas horas tudo desorganiza o trópico de capricórnio que passa por aqui o escuro constela do lado de fora das imensas janelas lençóis nuvens irrompem crepúsculo por entre as arestas da noite e do vento vamos proclamar o que importa eu peço agora há pouco meu vestido flutuou enquanto eu diluía o leite de coco no calor da panela e gargalhamos aromas à beira do fogo feito cigarras nas árvores não há mais volta sabemos disso nos tijolos penetraram meu gozo meu grito seu grito seu gozo nosso canto sal rosa hybris em nós que não se cala e antecede o verão

X

é quase ocaso mas há tempo para a mar
porque a ternura é mineral mesmo diante da chuva
ou destes habitantes das conchas sob os nossos pés
escondidos em suas casacas aquecidas enquanto nós
tiritamos a vida batendo o queixo furando ondas esperando

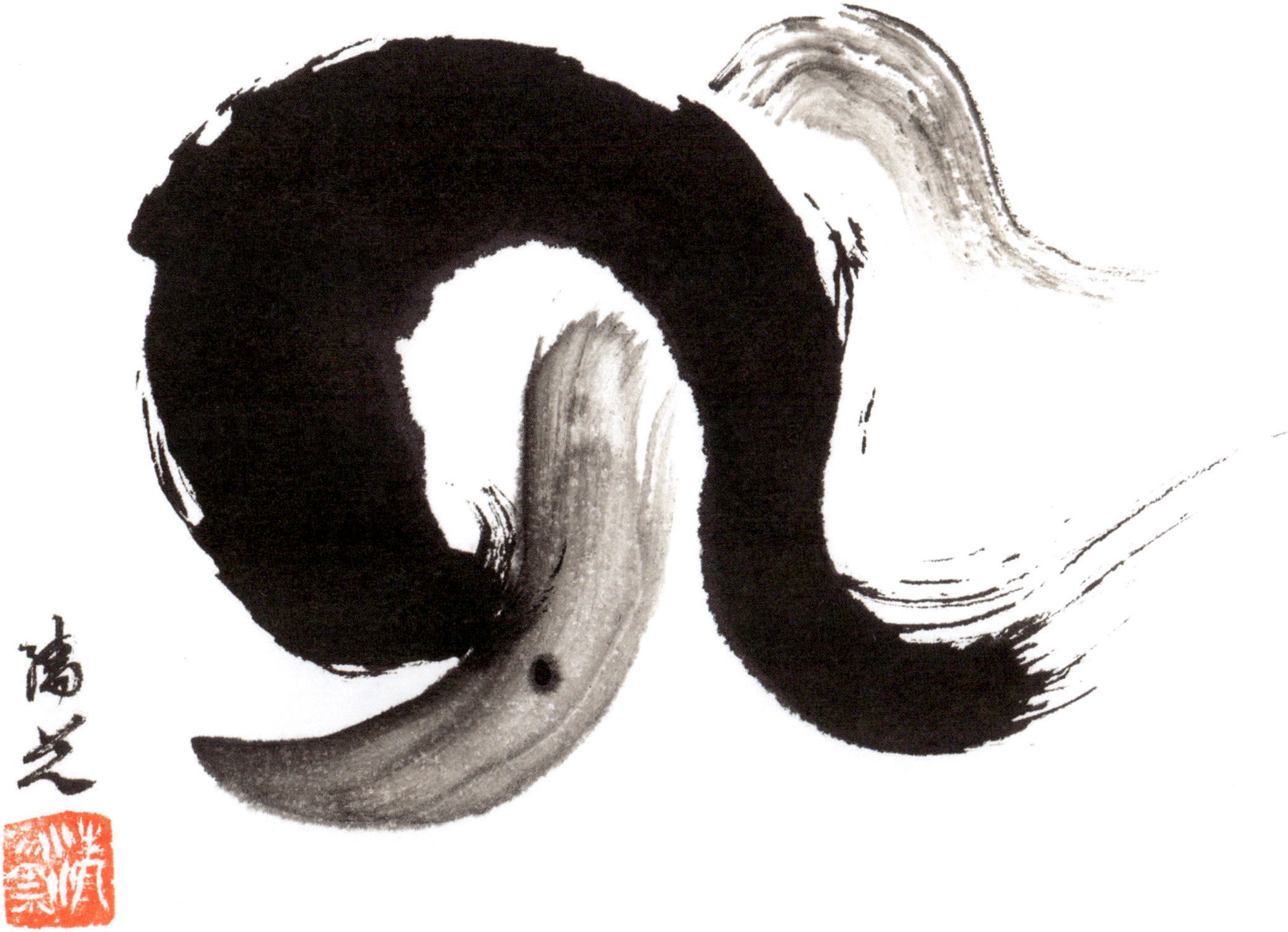

XI

aquele morcego de asas vítreas
do poema do haroldo aquele morcego
mortífero general lança-foguetes tem fome
voa pela sala raivoso e come as bananas
esquecidas feito natureza morta sobre a mesa
enquanto dormimos

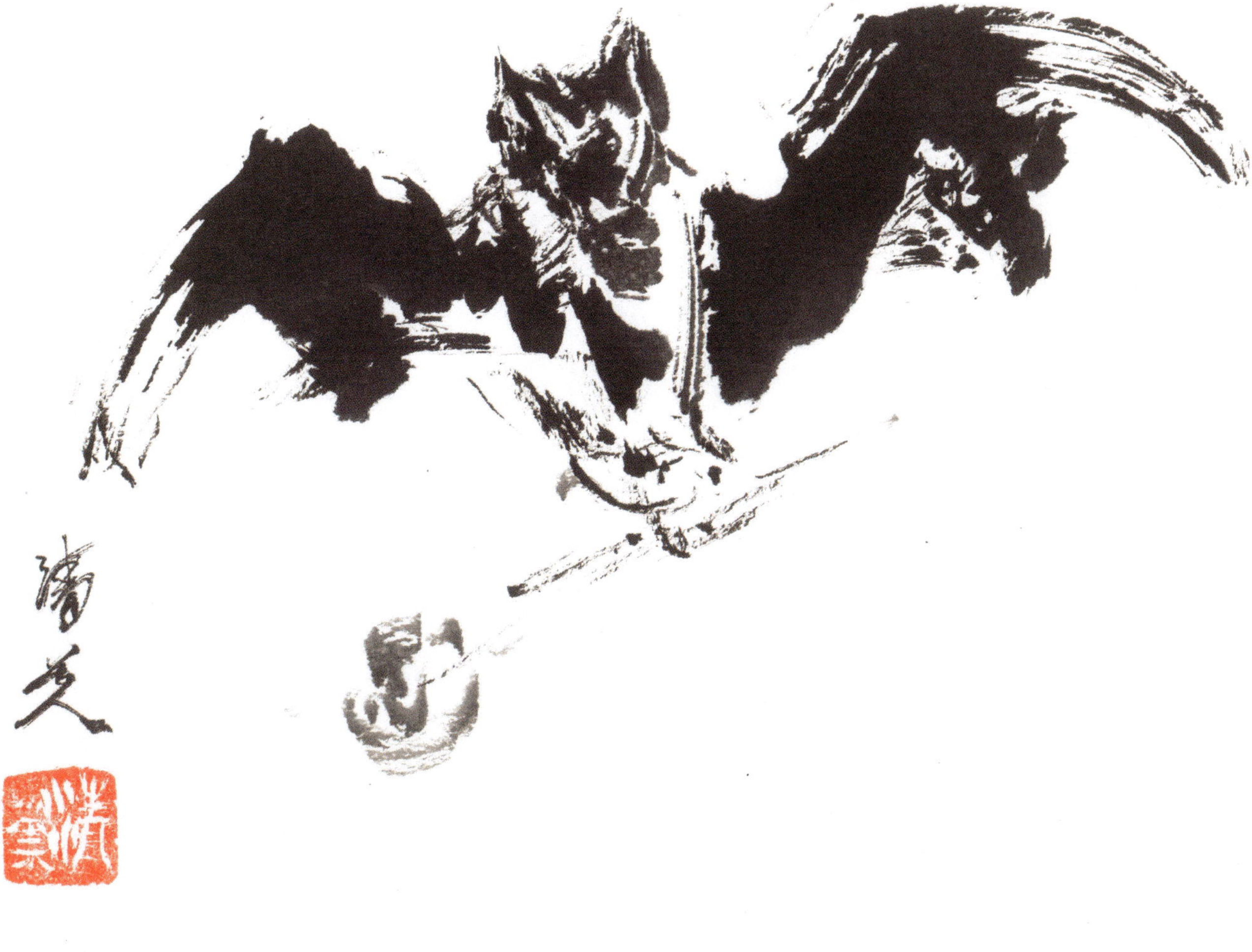

XII

primeiro tomaram-me os sapatos
no chão de asfalto os calcanhares
sangraram ficaram largos
cultivaram calos

depois não me dei conta e
levaram-me o casaco
é por isso que sinto este frio constante
esta urgência de gelo e sede

eu era inofensiva e ainda assim
rasgaram com violência
a blusa a saia arrancaram botões
sobraram apenas estes farrapos coloridos
feito fitas do bonfim penduradas
nas grades que cercam a igreja

no rosto de rugas versos ainda palpitam
quando sorrio este riso incólume
este riso clown
franco atirador de utopias

é só isso que sobrou é o que há
para oferecer a você agora

aqui do alto da serra em meio à garoa
e ao extermínio dos direitos universais

meus andrajos meu sorriso
esta escrita obscura sem pausas
que você pontua em busca de clareza
a cabeça imensa cheia de fendas
esta cabeça louca pensante pétrea
biblioteca de monstros e flores

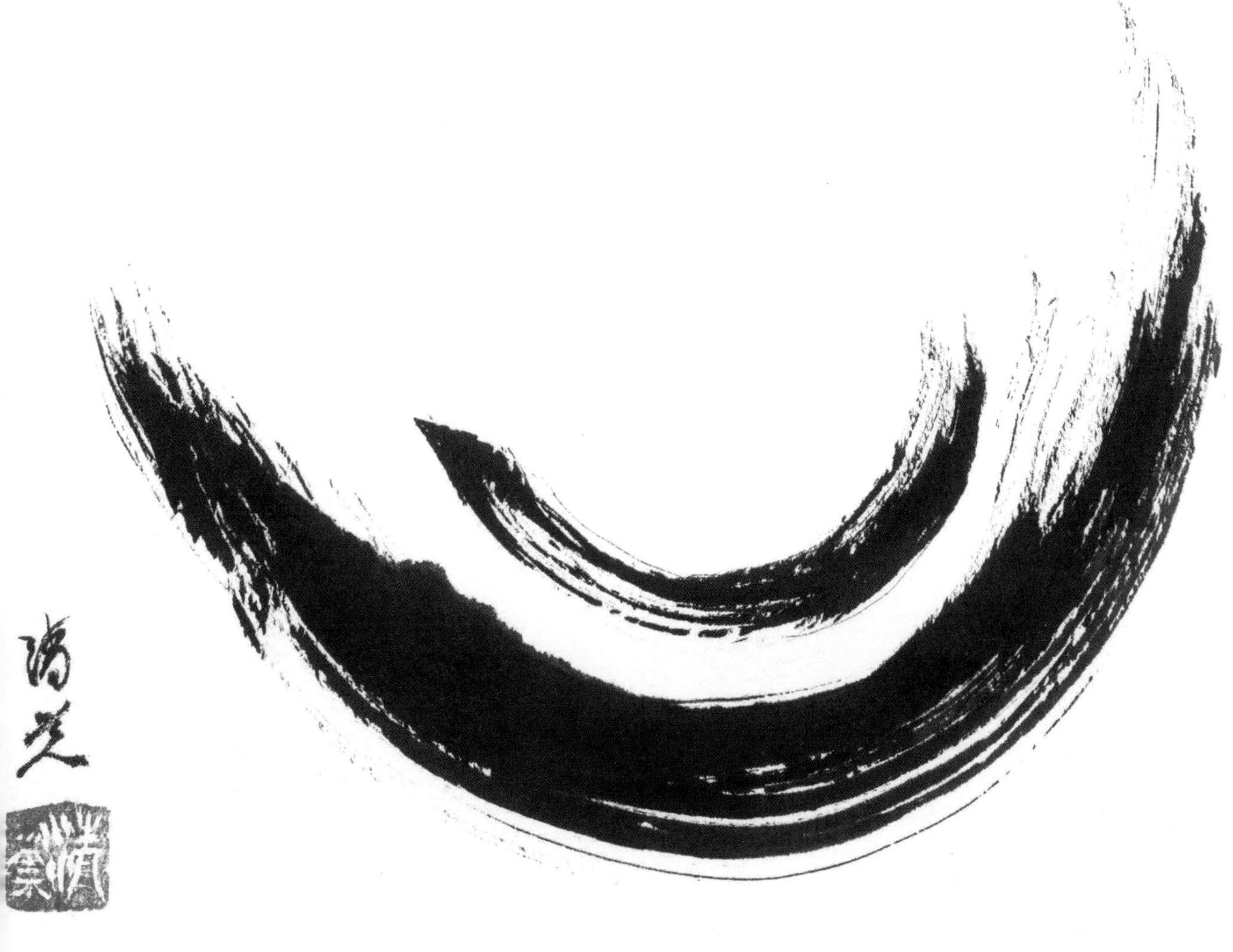

XIII

foram lentos os anos até voltar aqui
tanto rasgo amargo farpa cacos
sob os pés na trilha já sabida
o esterco das minhocas fabricou suturas

sequer supúnhamos um ao outro
e estas peles que vestimos

cintila silêncio em cada nervo exposto
a vida desliza na dança das tartarugas
a água se desloca o céu se azula
e a jornada se abre à revelia dos escolhos

você me apresenta as pedras
nos abrigamos do vento
ou dos orgasmos que a mar confessa

a poesia é um *dô*

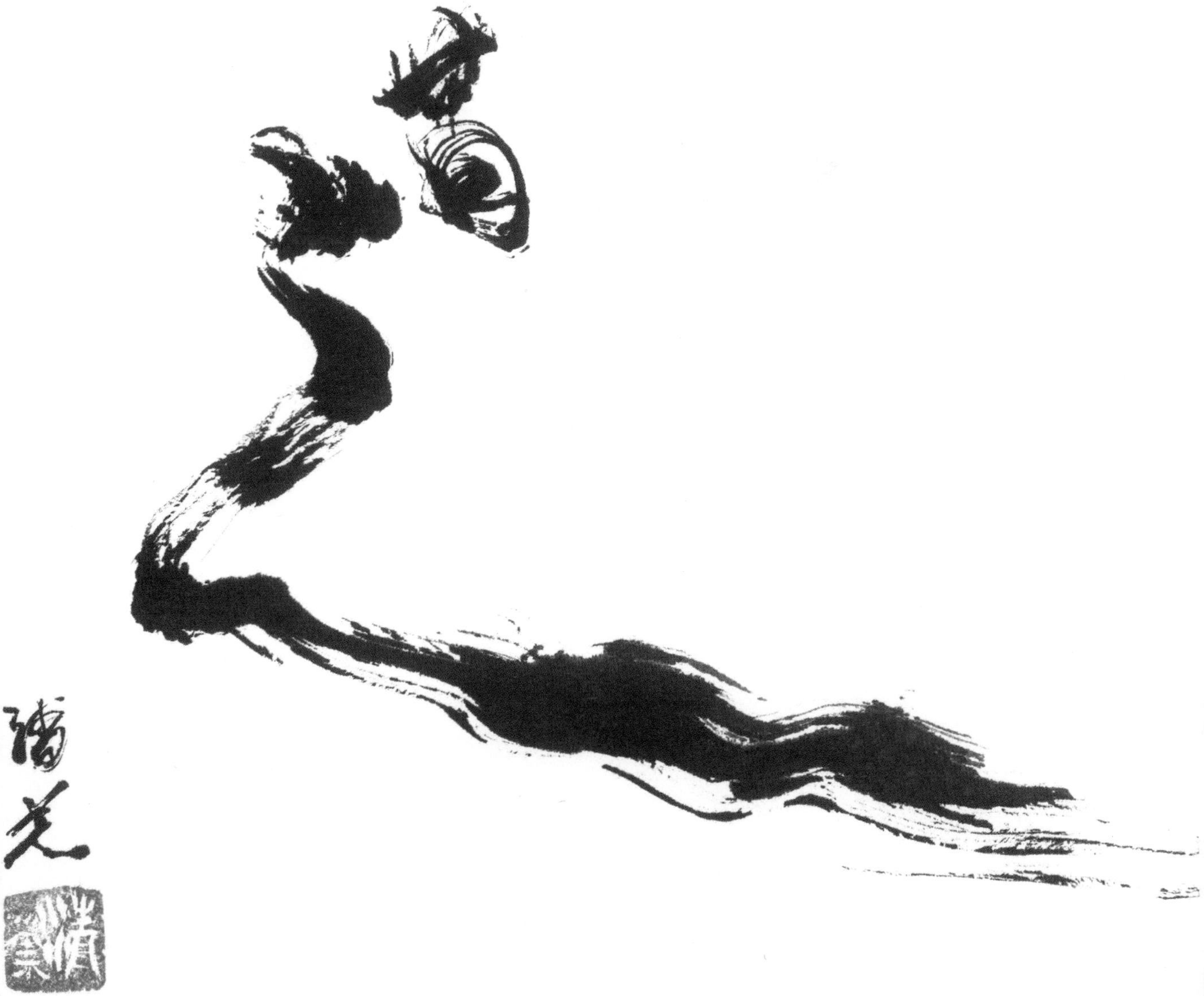

posfácio

Por um segundo

> A criação é feita do movimento descendente da gravidade, do movimento ascendente da graça e do movimento descendente da graça na segunda potência.
>
> **SIMONE WEIL**

O título deste notável conjunto de treze poemas, e também o pequeno prólogo da autora, sugeriam a entrada no domínio do que é tradicionalmente identificado ao feminino. De um lado, as asas e a suavidade das plumas, aspiração ao etéreo e ao eterno; de outro, interiores, domesticidade, afazeres cotidianos, formas uterinas; um ponto de vista a partir do qual até o mar se torna "ela", "a mar", metáfora também do sexo.

Mas *asas plumas macramê* não é menos sobre o tempo presente, a política, o Estado (de direito ou de exceção?) do que é sobre as intimidades do amor e do sexo, e seu poder de suspender o tempo. Intimidade destemida, diga-se de passagem, porque os amantes aqui extrapolam o ambiente doméstico. O sexo se faz nas pedras, no limo, em meio a insetos, plantas e águas: "misturados ao espaço/ corpo dentro de corpo/ somos parte da paisagem". Espaço que, por ser paisagem "natural", não deixa de ser público.

Dos recantos da Praia Brava, os poemas lançam suas redes macramaicas sobre a esfera pública da ágora. Assim é a própria estrutura do livro: são treze poemas que podem ser lidos independentemente, mas que constituem ao mesmo tempo uma só estrutura, como se cada uma de suas 13 partes correspondesse a um dos "pequenos núcleos" de uma peça de macramê, cada qual com sua geometria própria e imprevisível, infensa à reprodutibilidade técnica. Essa forma artística tem origens antiquíssimas, e o livro certamente remete a essa e outras formas imemoriais, como indica a oração que encerra os poemas I e XIII: "a poesia é um *dô*". A palavra, que significa "caminho", integra diversas formas da cultura tradicional japonesa cuja prática e aprimoramento se dão por meio dos ensinamentos do zen budismo, como o shodô (arte da caligrafia) ou o judô (arte marcial). Assim, *asas plumas macramê* vê-se enfeixado por referências que parecem descolar-se do nosso tempo. Mas Diana Junkes finca pé no momento histórico, de "utopias picotadas". O "extermínio dos direitos universais" é nosso marco fundador; se não tínhamos certeza, ou se achávamos que poderíamos superá-lo, o contexto imediato, que vai do golpe parlamentar de 2016 às eleições de 2018, com a degradação da vida brasileira e de suas vias democráticas, torna tudo mais evidente e terrível. "Os tentáculos do horror iniciaram as obras": a atmosfera é de medo e perseguição. A realidade insuportável alcança os amantes, entristecidos pelo abismo das notícias. Como contraponto, a experiência amorosa e as formas naturais e orgânicas, fazem supor que "ainda há chances para a democracia". Mas está tudo sempre por um fio, "por um segundo", como diz Gil em "Tempo Rei". Essa é a lição da arte do sumiê, presente nas ilustrações de Suely Shiba: captar o essencial no transitório, no impermanente.

Da mesma maneira opera a tensão entre linguagem e silêncio; palavra e mudez. Se tudo o que se escuta é horror, que alívio aos que podem ultrapassar "o muro da linguagem", quando apenas os corpos se entendem. Mas a poeta sabe que a palavra é também resistência. É esse o *dô* (a arte, o caminho) desta poesia, que se faz "à revelia dos escolhos", entre a gravidade e a graça. A epifania dos amantes entrelaçados é a própria asa à segunda potência que nos reconduz ao chão do tempo histórico: "Descer com um movimento em que a gravidade não tem nenhuma participação... A gravidade faz descer, a asa faz subir: que asa na segunda potência pode fazer descer sem gravidade?".

Chantal Castelli

Simone Weil, *A Gravidade e a Graça* (São Paulo, Martins Fontes, 1993).
Chantal Castelli é poeta, crítica literária e doutora em literatura pela USP.

© 2019 por Diana Junkes
Todos os direitos desta edição reservados à
Laranja Original Editora e Produtora Ltda.

www.laranjaoriginal.com.br

Editor **Filipe Moreau**
Projeto gráfico **Marcelo Girard**
Produção executiva **Gabriel Mayor**
Diagramação **IMG3**

Dados Internacionais de Catalogação na Publicação (CIP)
(Câmara Brasileira do Livro, SP, Brasil)

Junkes, Diana
  asas plumas macramê / Diana Junkes ;
ilustração Suely Shiba. — São Paulo :
Laranja Original, 2019.

  ISBN 978-85-92875-50-3

  1. Poesia brasileira I. Shiba, Suely.
II. Título.

19-24567   CDD-B869.1

Índices para catálogo sistemático:

1. Poesia : Literatura brasileira
Iolanda Rodrigues Biode - Bibliotecária - CRB-8/10014

Laranja Original Editora e Produtora Ltda.
Rua Capote Valente, 1198 - Pinheiros
São Paulo, SP - Brasil
CEP 05409-003
Tel. 11 3062-3040
contato@laranjaoriginal.com.br

Fonte **Warnock** / Papel Offset 120 g/m² / Nº de páginas 64 / Impressão **Forma Certa** / Tiragem 200 exemplares